A
Nostalgia
Dolores
y todos mis
amores

A
Nostalgia
Dolores
y todos mis
amores

Daksha Montalvo

A Nostalgia Dolores y todos mis amores

Daksha Montalvo
1era edición

ISBN: 979-8-218-06362-7

Maquetación y diseño de portada
Daksha Montalvo

Nostalgia Dolores
(1999-2022)

Introducción

Luego de tantos años me di el permiso de visitar esta colección de poemas y prosa que habían sido destinados al desahucio y decidí publicarme nuevamente casi diez años después desde mi primer libro *Nuestras Máscaras de Porcelana*.

Uno siempre tiene una mujer que le cambia la vida. Un huracán caótico y volátil que destruye todo lo que encuentra a su paso dejando sola a la bestia, a las partes de ti que juraste no mirar jamás. Finalmente Dios me había entregado la respuesta que tanto a gritos le pedí y ahora entiendo que fue Nostalgia la visionaria detrás del despliegue artístico que fue mi corazón roto.

Siempre me miró como si vivieran todos los secretos del universo dentro de mí.

Todas las demás mujeres solo son Nostalgia. ¿Quién más sino ella? El cielo azul y la noche penetrante solo son Nostalgia. Las canciones con las que me enveneno solo son Nostalgia. El orgasmo que me toma y me abraza solo es Nostalgia.

Y como le hubiese gustado ver que mi primer poemario llevaba su nombre… se habría reído diciéndome "te lo dije".

Bienaventurados los que disfruten de mis palabras y pobres diablos los que las entiendan porque hay versos que solo eran posibles escribirse desde el infierno.

xo

Tabla de contenido

Rigor mortis

Me he vuelto víctima
del desorganizado deseo
que provoca en mí tu fantasma
en mi memoria busco enferma
algún rastro de tu olor,
como animal rabioso me reprendo
y te reprendo,
y nos reprendo
desterrados,

al fin,

amantes de la dimensión prohibida,
adictos de aquel frenesí.

Versos turbios y perversos

Debería estar presa.

Encerrada en la celda más oscura y profunda de tus intimidades. Solo las paredes son testigo del gemido curtido y del olor, la maña que emana desde los callejones más estrechos de mi mente (y otros lugares). Amén por el pensamiento pecaminoso que se queda atascado en el espejo y lástima, por el que me acompaña hasta mi destino.

Entre la ropa se esconde la duda la pregunta que nadie quiere hacerse junto el tacto innato del capricho. Estaban allí la victoria y la derrota. Aquí tienes mis manos con las que a veces cuento a mis amantes, a los que se vienen y a los que se han ido mareados con mis versos turbios y perversos. Les he visto temblar leyendo. Curioso como en cámara lenta se les arquea

la espalda, se les cruzan las piernas
y se escucha el trueno del suspiro.

No hay melodía más perfecta que la
de un orgasmo mental. El fino
sonido de la pupila dilatada y la
respiración entrecortada

…pero al final del día, solo son
versos,

a veces más turbios que perversos y
otros, más perversos que turbios.

Éxtasis

Yo no veo a mujeres bellas,
esas que viven en las revistas y
papel,
yo no veo tu cuerpo,
pero puedo dibujar los escalofríos
que tu sonrisa me provoca a flor de
piel,
yo no te veo pero te miro,
en silencio y aparte,
porque no quiero invadir el secreto
de tu ser,
me haces sentir desterrada
de mi cuerpo,
con el sentido opuesto
sentada en la cúspide admirando al
atardecer
sin prisa pero sin pausa,
en tu soledad dulce
color miel,
eres la armonía que se funde
al cielo sin querer,
eres punto y coma,
el final abierto
que todos queremos leer.

El arte de

El delicado tacto del olvido que marea y me seduce. La paz que trae en los bolsillos, el sabor del reconcilio pero yo, masoquista y desenfrenada vuelvo arrastrada al regazo del recuerdo, que me mima y abraza, me ama y me mira. Me devuelve a lugares inexplicables que solo viven conmigo pues ya todo es polvo, hemos caído en el olvido. Maldita yo, maldita yo mil veces, por refugiarme en las ruinas de mi alma a tratar de reconstruir lo que ya no es mío.

Soy una pobre diabla herida que en los días malos vuelve, vuelve a acostarse con su mendigo olvido

…buscando amor, tal vez el sueño prohibido.

Polidesgracia

Soy una egoísta por amarte a ti
y a él a la vez,
pero mi hambre siempre ha sido
insaciable,
caprichosa .
y altanera.

Que muchas veces he sido poseída
por el demonio del amor.

Mi niña mala

Ella llega con sus tacones
puntiagudos y falda corta. Ha
entrado por el umbral con su
veneno. Se acomoda entre mis
muslos y con dulzura me besuquea
los labios. Que me ha extrañado,
dice. Que ahora soy más guapa y
más radiante, dice. Sí, lo estoy.
Después de su partida algo había
comenzado a crecer. Que tonta yo,
que creí que jamás regresaría. La
admiro de lejos mientras me
arrastra a la oscuridad, con ella
pero a solas. ¿Me entienden? Ya
nadie puede salvarme. Siempre será
así. Soy su mascota, su pajarito que
desde la jaula se cree libre porque
ve el sol.

Y me desnuda, frente al espejo,
frente a Dios, y allí están, los
demonios de los demonios. Los

suyos y los míos haciendo el amor.
Creando más desastre, más
discordia, más dolor. Su respiración
choca con la mía hasta que se
convierte en una. Sus dedos
recorren mi cabello mientras me
desploma sobre mis sábanas
marchitas. Se ríe porque sabe que
ya no hay marcha atrás. Soy su
esclava. Su animal. Soy suya. No
puedo resistirme. Me ha
despedazado entre los susurros y
secretos marginados de mi alma.
Aquí, ante ella, yo no era quien
todos creían que soy y con júbilo
me destierra de mi propio cuerpo.

Sus gemidos se quedan atascados
en las telarañas de mis pesadillas y
yo allí, con lágrimas de derrota,
contemplo el infierno de sus ojos y
todo se ve igual. Nada ha
cambiado. Ya sé porque era linda
siempre, mi soledad para ella

siempre fue aquel primer amor, ese
que nunca empezó. Para ella
siempre fui el refugio infinito y
ella, para mí, un recuerdo maldito
que siempre vuelve a desnudarme.

A romperme y armarme.

¿Cuándo?

Aún no,
falta tiempo
y experiencia,

dolor y traición.

Aún no,
porque falta tiempo,
risas y uno que otro amor.

Me preguntó:
¿Cuándo?
ansiaba con tocar mi piel
y respirar su color.

Aún no,
porque el tiempo se me había
escapado
él era mi gato
y yo era su ratón.

¿Cuándo?
que aún no,
todavía vivo con los recuerdos
de un viejo dolor.

Aún no,
porque jamás entenderás
que no somos uno,
ni dos.

Estábamos atados a fantasmas,
recuerdos
y canciones de amor.

Aún no,
¿sabes por qué?
porque todavía nadie es digno
de mi dulce amor.

La ducha

Quiero una silla y
una ducha,
para bañarme sentada en el piso
mientras me encoge el agua
caliente
y canto canciones al revés.

Quiero una silla y
una ducha
para bañarme de pie
mientras el mundo se acaba
y la gente aplaude sin saber.

El fin de una vida que jamás
conocimos se extingue ante
nosotros y aquí estoy,
bañándome en una ducha con una
silla hecha de papel.

Abandono

Fumo
y con el humo,
se escapan los aullidos de mi
corazón,

que vuelva a casa dicen
que hace frío afuera,

pero prefiero morirme congelada
a vivir un segundo

más

sin tu amor.

Tengo que abandonar la idea de
querer cambiar el mundo.

Segundero

El dolor se apacigua
pero solo a veces,

la tristeza se calma
cuando de mi cae el agua
y algo crece,

se repiten los días
y las horas
se repiten las mentiras
y las historias,

la tranquilidad se me desaparece
a veces
y se desata un incendio
que me quema toda

(a veces).

El juicio

Las puertas del templo no abren,
así que he emprendido una
aventura hasta la tierra prometida
y llevo sesenta días en el mar,

con una pluma de pintar
y un espejo para mirar,

toda mi metamorfosis
y verme sin alas volar.

Acertijos

Me despierto,
atada y libre
enredada sobre el acertijo
de mis sueños muertos.

Miro el cielo y
bostezo sobre las nubes
que la luna ya salió
y me invitó a soñar con ella.

¿Cómo se libera uno del laberinto
que son sus viejos sueños?

¿Cómo se le dice adiós a los
amores prohibidos del
subconsciente y medio?

Esta cosa que se llama amor

Todo el mundo habla de él,
pero nadie nunca le ha visto,
es tan suave como la brisa
y tan violento como un rayo,

ha dejado ríos de sangre,
desbordados en placer,
es un secreto a voces
del que nadie realmente se puede
reponer,

cuarenta menos uno
latigazos de dolor,
son todas las veces
que me he desbordado por ti,
mi amor,

así como Jesús,
que toma notas y asiente
mientras le da gracias a su padre
por haberlo crucificado
salvándolo de esta tormenta silente.

Asesino en serie

Se caen todas las flores,
el cielo se viste de gris
y el viento se vuelve punzante,
efímero color matiz,

me guardo las manos en los
bolsillos,
descalza e ingenua cierro los ojos,
y a lo lejos escucho,
a Dios prohibiéndome de ti,

su llanto es su lluvia,
su enojo relámpago,
que maldita Eva que se bautizó mi
madre,
y maldito tú,

busco refugio en otros lugares,
he olvidado tu cara,
tu olor,
y sepulté tu nombre en el fondo de
mis intimidades,

y vuelves,
como ola a la orilla,
como asesino
a su escena del crimen,

y tiemblo,
me muerdo la lengua
y me baño en el impuro diluvio
de tu recuerdo,

soy verso inconcluso,
pero tu novela sin final,
estrofa sin ritmo,
una canción con el mismo final,

luego de tanto,
y de nada,
aquí estoy nuevamente,
buscando tu nombre donde jure no
mirar jamás.

Incógnita

Yo quisiera saber,
saber cómo me veo,
saber cómo me escucho

yo quisiera dibujarme donde sea,
con la yema de los dedos
y el tacto
del deseo,

a mí me atormentan muchas cosas,
la duda por ejemplo,
la duda fina y coqueta,
de saber cómo me veo y me
escucho,

y me miro,
a veces,
porque el ego siempre ha sido mi
amante,

mi respiración me es brújula

el pulso me desespera la oreja,
se me pega la piel
y se moja con delicadeza

la duda fina y coqueta que inunda
mi cabeza,

me desviste la calmosa madrugada,
y me viste violentamente la
mañana,
que con desprecio avisa
que tengo que volver a mi jornada,

y me detengo un segundo,
me dejé tendida sobre la cama,
y con prisa
me abandono al momento,

porque me había dibujado,
ferozmente,
con las yemas de los dedos
y el tacto del deseo.

La cama

Un año después de la tragedia,
de los lamentos,
vuelvo a mi cama,
me sumerjo entre sus sábanas
blancas,
y lloro,
sigo siendo la misma niña frágil,
sigo siendo mi cama,
y ahora,
que la penumbra abraza,
y he vuelto a mi cama,
me rindo ante sus recuerdos,
la confidente de mis lágrimas más
amargas
y mis orgasmos más dulces,
soy los pilares que te sostienen,
soy el hilo de tus pieles,
oh, querida y amada cama,
otra vez te abandono
para buscar el sueño muerto
entre otras camas,
que no me recuerdan a nada,
me llevo el insomnio en la mochila
sabiendo que es mi castigo,

por abandonarte y dejarte sin
sábanas.

Amor de

De noche,
de invierno,
y primavera,
de prisa y lento.

Eres como el sabor dulce
que se cuela
en el café amargo
de mis amargados días.

De novela,
de canciones,
y mil dolores.

Acertijo de caramelo,
acorde sordo de algún violín,
brisa cálida
y calma seductiva.

Te dedico mi tiempo,
mis rimas,
y mis fantasías color pasión.

Eres arte,
misterio,

A Nostalgia Dolores y todos mis amores

y todo lo que imagino cuando digo
«amor».

Mi madre siempre fue una mujer
enamorada,
y mi padre un hombre que creyó en
el amor.

La puta

Su voz es un cántico de sirenas
y yo,
soy adicta
a ese sonido que marea.

La puta,
la puta más preciosa
solo eres tú,
tú y solamente tú.

Eres mi sol oscuro
y mi noche brillante
solo hablo tu idioma,
mírame bien soy tu amante.

Sonrió y saludo,
me visto bonito y me perfumo
para que nadie sospeche
que yo entre tus piernas soy humo.

La puta más radiante
y tu vil sumisa soy
siempre me esperas,
desnuda con tu cuerpo de mulata
y tu sonrisa tan grata.

No necesito más,
has llenado todo,
has vaciado todo,
eres como las olas que vienen y
van.

¿Quién soy yo sin ti?
polvo,
el esqueleto
de lo que algún día yo fui.

Soy tuya
y me odio por eso
vístete y vete
pero quédate.

Abandóname y olvídame
pero recuérdame,
ódiame y repúdiame
pero ámame.

Mujer con caderas de riachuelos
y senos de miel,
llevas en tu espalda
el museo de mis lágrimas
y mal de amores
a flor de piel.

Te amo y te odio,
me has hecho sentir
tan muerta
que he recordado lo que es estar
viva.

Mi querida puta esbelta,
muñequita sin razón
me despido por hoy,
pero te espero mañana.

Para acurrucarme en tus brazos
y sentir que muero sobre tu cama.

(Aquí va tu nombre)

Y te deje ir,
tan rápido como un relámpago
fue aquello
que se perdió entre tú y yo,

te vi alejarte,
despacio y con duda,
en un silencio violento
que me hizo viuda,

y te deje ir,
porque fui bruja,
villana y víctima
de esta tortura,

si cierro los ojos,
escucho tu voz
y tu recuerdo
siempre bañado en tu perfume,

hoy me dueles,
fuiste impuro,
robado,
maldito amor desorientado,

fuimos estrella fugaz,
para bien o para mal,
éramos el juego perfecto
y yo egoísta,
no quise jugar nunca más.

La susodicha

Éste es mi poema,
mi poema para *Nostalgia Dolores*,
no hay rosa muerta más bella
que se compare con tu presencia.

Eres puro Jardín de Edén
con capullos en el pecho,
escultura francesa
con el desierto entre las piernas,
profunda y pesada
así digo que eres
en esos días que me siento pagana.

Has desbordado ríos en mí,
pero he resucitado como el
morivirí
me has atravesado el pecho
con tus uñas de cristal
y has sido mi sueño muerto.

Tu amor,
un hechizo global
que yo me canse de probar
pero aun así,
de madrugada llegas a tocar,

la puerta de vidrio
hecha con hojas de lirio
que yo misma mande a tumbar
para que en las noches frías
y sin luna
llegarás a mi lugar.

Jamás lo podré negar,
mi amor,
que dormir entre el capullo
bañada del diluvio
siempre será la medicina amarga
del perjurio.

¿No lo ves, Nostalgia Dolores?
Soy esclava del olvido
y amante de una mujer
que me rompe como el vidrio.

Rapunzel

Ojalá pudiese borrarte a ti,
que placer el olvidarte,
la fantasía de (des)conocerte
me embriaga,
me excita,
me libera,
me he vuelto en un animal
salivando por su presa,
escápate de la torre,
abandona las reglas del juego
y vuelve usando el mapa que te di.

Lucifer

Te avergonzaría verme escribir de
ti,
siempre fuiste así,
como ajeno,
estoico,
maligno,
confiado y seguro de que jamás
serías merecedor de algo así,
mi bestia se retuerce
ante la verdad,
maldice mi impaciencia
y me castiga con soledad.

Fantasma

Si encuentran mi cuerpo vagando,
déjenlo,
que llore,
y grite,
que solo queden ruinas
de mi cuerpo que vaga y llora,
a veces azul,
a veces rojo,
así llora a veces,
mi cuerpo que vaga.

La noche oscura del alma

Ardió con fuerzas mi alma,
y bajo el fuego morí,
me deshice entre sus dedos
color rojo carmesí,
a la caída del aguacero me vi,
entre la imagen de cristal y carne
caí,
y caí,
y caí,
hasta que nada quedó de mí,
pero no mucho había,
fue una sorpresa
encontrarme con el espejismo
de lo que nunca fui,

la muerte aparente que había sido
mentira
me avisó con alarma
que todavía quedaba vida,
y grité desde las entrañas de mi
alma,
la mujer de mis sueños
estaba viva.

Monedero

Y me pregunto,
¿cuál será el precio?

¿Cuánto quiere, señor?

Por el agua que promete saciar mi
sed y el calor que dice calmar mi
frío.

A Nostalgia Dolores y todos mis amores

69

el climax
del orgasmo
de la verdad
y del secreto.

Es domingo y ustedes saben lo que
significa eso.

Delirio

La realidad es que solo busco algo
fuerte,
algo que me tire al suelo y por fin
me derrote.

Mi infatuación nunca fue personal.

Eras un hombre en mi camino
y pensé que traías el antídoto de mi
final

pero no,

yo solo buscaba algo fuerte

y tú estabas en su lugar.

Zafiro

Cierro los ojos
y te veo,
mirándome,
maquinando,
buscando la manera de levantar una
revolución entre tu energía y la mía

y el que juega con fuego

se quema.

Ambrosía

Viaje al centro de la tierra
y me encontré con Dios,

le expliqué que había navegado
cada rincón
de cada libro,

de cada religión,

buscando algún ritual que
destruyera
por completo nuestro amor

pero nunca me lo dio.

Crisis

Quien me hubiese dicho
que encontrar las respuestas a todas
mis preguntas,

me traería tanto vacío y duda.

Matrix

Hay cosas,
que me he debido a mí mismo
y han sido difíciles,

y hay cosas que no me he debido
pero han llegado muy fáciles,

como la comodidad,
el conformismo
y la
compañía.

Me besas y te beso,
como cuando se responde a una
llamada esperando a que hablen
primero.

Blasfemia

Me muero por besarte
entre el interludio de la noche y el
día,

me muero por besarte
y que Dios nos mire
y se ría.

Caudal

Y baja la gota,
y baja,
y baja,
y baja,

hasta que me ahoga.

17 de julio

Hoy es mi cumpleaños y no estás
aquí pero tampoco estuviste en los
demás porque para ti siempre fue
importante recalcarme que debía
vivir sin ti.

Vivo en la curva de tu boca,
en el climax del sueño
y la fantasía.

A Nostalgia Dolores y todos mis amores

Maladaptive daydreaming

Y en los días cuando no quiero
estar,
me voy,
me voy lejos,
a una dimensión prohibida
la del nunca jamás.

Hechicera

He roto el hilo rojo,
he detenido la corriente energética,
te he borrado y enterrado en el mar,
ojalá un día seas efímero
y parte del mosaico esquelético,
parte de la historia y el final,

estoy exhausta,
de levantar todos los pedazos que
caen,
de secarme las lágrimas que me
amargan,
de contestar de nuevo todas las
preguntas,
de hacer el trabajo que más me
duele,

una vez más.

A Nostalgia Dolores y todos mis amores

Te esperé.

Cadena perpetúa

Cínica y descarada,
fue aquella declaración,
que desde el infierno había llegado
la carta,
de mi desahucio,
de mi derrota,
avisando por boca
todos los años de mi condena
y me entregué,
viva y muerta,
cínica y descarada
como la declaración de amor que
firmé por ti.

Que late
y late,

pidiendo a gritos a su Dios.

Daksha Montalvo

Sobre el autor

Daksha T. Montalvo Martínez
(Arecibo, Puerto Rico) es escritora,
estudiante y amante de los gatos.
Estudia Biología General en la
Universidad Interamericana de
Arecibo y es candidata a escuela de
medicina. Fue parte de la política
electoral en las elecciones del 2020
de Puerto Rico y participó en
representación de la comunidad

LGBTIQ+ y el cuidado al medio ambiente.

Fue delegada del ex candidato político, Bernie Sanders y vicepresidenta del capítulo de Amnistía Internacional de su recinto.

Nuestras Máscaras de Porcelana es su primer libro.

Instagram: @dakshamontalvo

www.ingramcontent.com/pod-product-compliance
Lightning Source LLC
Chambersburg PA
CBHW022036090426
42741CB00007B/1084